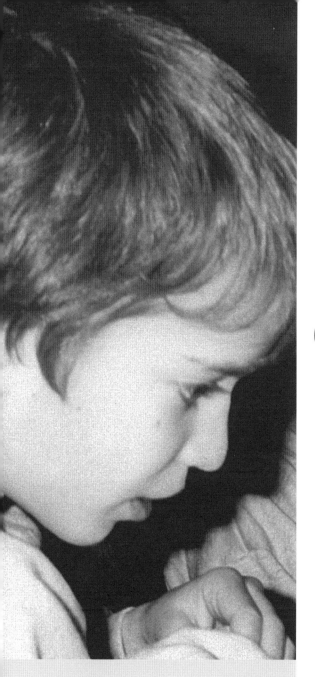

lesen verstehen ausführen

Kleine Experimente und Zaubertricks für das 2. und 3. Schuljahr

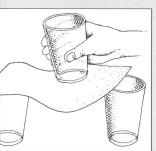 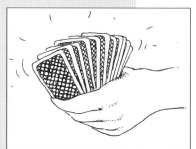  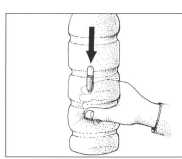

Mathias Haydt
Illustrationen: Peter Kornherr

Die Rechtschreibung dieses Werkes entspricht der Regelung von 2006.

© 2006 SCHUBI Lernmedien AG
CH-8207 Schaffhausen

service@schubi.com
www.schubi.com

2. Auflage 2008

ISBN 978-3-89891-232-7

No 102 89

Vorwort

Die Fähigkeit zum aktiven, lebenslangen Lernen ist heute, in einer sich ständig wandelnden Welt, enorm wichtig. Der Weg dorthin führt übers Lesen. Wenn der Text und die Anleitung altersgemäß geschrieben sind, spürt das Kind, dass es selbständig zu den notwendigen Informationen kommen kann. Das Kind kann erfahren, dass Lesen autonom macht, ein Stück weit unabhängig von den allwissenden Erwachsenen!

In meiner Arbeit als Logopäde habe ich viel mit Kindern zu tun, die ungern lesen. Es sind Kinder, denen es schwerfällt zuzuhören, die Mühe haben, sich eigene Bilder zu machen, wenn Geschichten erzählt oder vorgelesen werden. Sie kennen scheinbar „schon alles" und sind schwer für eine Sache zu begeistern.

Geht es allerdings um Experimente und Tricks, so sind auch diese Kinder begeistert dabei. Wenn lesen und verstehen kein Selbstzweck ist, sondern in spielerisches Handeln mündet, wenn die Schüler etwas tun dürfen und es einen „Knalleffekt" dabei gibt, ist Motivation wie selbstverständlich vorhanden. Kinder sind wissbegierig. Sie wollen etwas erfahren über die Dinge ihrer Umgebung und entdecken gerne Neues.

Diese Mappe möchte jedoch nicht in erster Linie dazu anregen, sich mit naturwissenschaftlichen Phänomenen und Zaubertricks auseinanderzusetzen. Mir geht es mehr darum, Tricks und Experimente als Medium im Deutsch- und Sprachunterricht oder in der Sprachtherapie zu nutzen. Und gerade in diesem Bereich bieten Tricks vielseitige Ansatzpunkte zur Förderung des Lesens, des Verstehens und der kommunikativen Fertigkeiten.

Aktiv werden kann das Kind aber nicht nur, wenn es in der Schule einen Trick durchführt. Tricks und Experimente kann man auch außerhalb des schulischen Rahmens vorführen und zeigen: Freunden, Eltern oder Geschwistern, und alle staunen. Man kommt miteinander ins Gespräch, kann nach Erklärungen suchen, diskutieren, sinnieren und philosophieren.

Ich wünsche nicht nur Ihren Schülern, sondern auch Ihnen viel Vergnügen beim gemeinsamen Erforschen und Ausprobieren, wenn Sie die Mappe im Unterricht oder in der Therapie einsetzen! Vielleicht machen Sie auch die Erfahrung, dass es jedes Mal etwas Neues zu entdecken gibt, auch wenn man einen Trick schon oft durchgeführt hat und gut zu kennen meint!

Mathias Haydt

Inhalt

Einsatzhinweise

Zu Beginn jedes Kapitels wird ein Trick oder ein Experiment beschrieben. Der Text kann in der Klasse gemeinsam gelesen und der Trick danach im Plenum durchgeführt werden. Er eignet sich auch für die Erarbeitung in Gruppen.

Eine Vorführung durch die Lehrkraft ist in der Regel nicht notwendig. Die Kinder sollen den Trick möglichst eigenständig erarbeiten. Schwerpunkte sind Lesen und Verstehen.

Die Durch- oder Vorführung des Tricks oder Experimentes durch die Kinder ist gut geeignet, um soziale Abläufe einzuüben und bietet Gelegenheit für mündliche Kommunikation. Die Vorführenden brauchen Übung, Mut und Konzentration, denn sie stehen im Fokus. Die Zuschauer müssen aufpassen, um nachher ev. zusammenzufassen, was passiert ist. Anschließend kann darüber diskutiert werden.

Auf die Experimente und Tricks folgen fakultative Arbeitsblätter. Sie sind für die Freiarbeit oder als Hausaufgabe geeignet sowie zur Individualisierung und Differenzierung. Damit werden Themen und Wortschatz vertieft und erweitert.

Die Kapitel 7 bis 10 sind von der Textmenge her umfangreicher, und die Durchführung der Tricks und Experimente ist etwas komplexer.

Vor jedem Versuch befindet sich eine Liste des benötigten Materials. Die Mengenangaben beziehen sich jeweils auf eine Versuchsanordnung.

Die Lösungen finden sich teilweise auf dem Kopf und in Spiegelschrift auf den Arbeitsblättern oder auf der Rückseite, teilweise im Anhang.

1. Die Münze im Teich (Seite 1–4)

Die Münze im Teich – Experiment
- ein flacher Teller (Größe: mind. Kuchenteller)
- eine Münze
- eine Kerze (gutes Standvermögen, Höhe max. 2/3 des Glases)
- ein Glas
- Streichhölzer oder ein Feuerzeug

Die Durchführung ist sehr leicht. Es ist günstig, ein etwas größeres Glas zum Darüberstülpen zu verwenden, da dieses mehr Wasser aufnehmen kann. Die Kerze soll so dick sein, dass sie gut von alleine steht. Der Trick muss unter Aufsicht eines Erwachsenen durchgeführt werden, weil mit Feuer umgegangen wird. Im Anschluss an den Trick bietet es sich an, mit den Kindern über das Was und Warum zu reden. Danach kann das Arbeitsblatt „Kennst du die richtigen Antworten?" bearbeitet werden, wo Fragen nach dem Wie und Warum beantwortet werden müssen.

Anleitung zum Münzentrick (Wörter ordnen)
Die Kinder sollen aus einzelnen Wörtern Sätze bilden und das passende Bild dazu finden. Kinder, denen diese Aufgabe schwerfällt, können die einzelnen Wörter ausschneiden und zu Sätzen ordnen. Dann suchen sie das Bild, zu dem der Satz passt, und kleben den Satz unter dem Bild auf. Um ein Durcheinander zu vermeiden, ist es ratsam, wenn das Kind jeweils nur einen Satz ausschneidet, diesen ordnet und aufklebt, bevor es den nächsten in Angriff nimmt. Das Arbeitsblatt setzt voraus, dass vorher der Text des Experimentes gelesen wurde. Dann kann die Aufgabe selbständig, auch zu Hause, gelöst werden. Die meisten Kinder sind von diesem Trick so fasziniert, dass sie ihn mehrmals wiederholen und auch zu Hause zeigen möchten. Dafür kann ihnen das Blatt mitgegeben werden.

Kennst du die richtigen Antworten? (Quiz)
Lösung im Anhang
Die Fragen beziehen sich auf das Experiment.

Drei geheimnisvolle Münzen (Logical)
Lösung im Anhang
Das Logical hat nur insofern einen Zusammenhang mit dem Experiment, als Münzen im Zentrum stehen. Es kann auch selbständig bearbeitet werden.

2. Der wippende Schmetterling (Seite 5–14)

Der wippende Schmetterling – Experiment
- ein Stück Karton, 10 x 15 cm (in einer Stärke, die sich noch gut mit der Schere schneiden lässt)
- zwei 20-Cent- oder 20-Rappen-Münzen (Form und Größe des Schmetterlings sind darauf abgestimmt)
- Klebstoff (z.B. Weißleim)
- eine Schere
- ein Bleistift
- Buntstifte, Filzstifte oder Wachsmalkreide

Das Experiment zieht sich über 2 Seiten hin, daher am besten doppelseitig kopieren.
Weißer Karton lässt sich besser bemalen. Alternativ kann man Graukarton mit einem weißen Blatt Papier bekleben.
Mit Wachsmalkreide lässt sich aber auch Graukarton gut überdecken. Gegen das Abfärben kann man den Schmetterling mit Klarsichtfolie überziehen.

Anleitung für den wippenden Schmetterling (Bilder ordnen)
Es ist am einfachsten, die Bilder zu ordnen, nachdem der Trick durchgeführt wurde.

Kennst du diese Insekten? (Quiz)
Lösung im Anhang

Versteckte Wörter (Rätsel)
Lösung auf der Rückseite des Rätsels

Rätsel für Schmetterlingsexperten (Rätsel)
Lösung auf der Rückseite des Rätsels
Einige Buchstaben sind vorgegeben, um das Lösen des Rätsels zu erleichtern.

3. Die Brücke aus Papier (Seite 15–18)

Die Brücke aus Papier – Experiment
- drei Gläser
- ein Blatt Papier

Ein Tischtuch oder eine dünne Matte vermindert die Gefahr, dass Gläser zu Bruch gehen. Das Experiment lässt sich auch mit Plastikbechern durchführen. Wegen des größeren Gewichts ist es mit Gläsern allerdings eindrücklicher.

Welche Brücke ist gemeint? (Quiz)
Lösung im Anhang

Das Brückenrätsel (leichte Denksportaufgabe)
Lösung im Anhang
Es gibt verschiedene Wegvarianten. Die Kinder können versuchen, möglichst viele Lösungen in verschiedenen Farben einzuzeichnen. Der Endpunkt ist für alle Varianten die Tulpeninsel.

Begegnung auf der Brücke (schwierige Denksportaufgabe)
Lösung im Anhang
Man kann die Kinder in Gruppen Lösungen erarbeiten lassen und über Vor- und Nachteile der einzelnen Vorschläge diskutieren.

4. Das magische Band (Möbius-Band) (Seite 19–24)

Das magische Band – Zaubertrick
- ein Streifen Krepp- oder Packpapier (1 m x 4 cm)
- eine Schere
- Klebstoff
- ein Bleistift

Krepppapierrollen, wie es sie im Fachhandel gibt, sind am besten geeignet, um die Bänder herzustellen. Um Zeit zu sparen, kann die Lehrkraft vor der Durchführung des Tricks einige Papierstreifen herstellen. Man nimmt eine Rolle Krepppapier und schneidet Streifen von 1 m Länge und 4 cm Breite zurecht. Sind die Streifen kürzer, so merkt der Zuschauer zu rasch, dass die beiden Bänder nicht gleich sind, sondern eines verdreht wurde.

Mehr vom magischen Band – Weiterführender Zaubertrick
- ein Blatt Papier
- ein Bleistift
- eine Schere

Diesmal nimmt man für die Herstellung des magischen Bandes ein leeres A4-Blatt, um die Striche gut mit Hilfe des Lineals einzeichnen zu können. Die eingezeichneten Linien müssen auch auf der Rückseite sichtbar sein. Am besten erlangt man diesen Effekt, wenn man zum Zeichnen einen wasserfesten Filzstift benützt. Damit alles richtig ausgeführt wird, sollte ein Erwachsener anwesend sein. Der Trick wird in zwei Schritten durchgeführt: Im ersten Teil geht es darum, nochmals das Phänomen des Möbius-Bandes zu ergründen, was an diesem kurzen Band besser geht als bei einem längeren. Das Verblüffende ist ja, dass das Band eigentlich nur „eine Seite" hat, wenn man mit dem Finger auf einer Seite entlangfährt! Das zweite Überraschungsmoment entsteht dadurch, dass man beim Schneiden unmerklich von einem Strich auf den anderen gerät, obwohl es ja zwei getrennte Linien sind! Das dritte Überraschungsmoment liegt im Ergebnis!

Welcher Zauberspruch passt? (Rätsel)
Zu jeder der drei Varianten, die auf den vorhergehenden beiden Blättern kennen gelernt wurden, soll der passende Zauberspruch ausgewählt werden. Wenn man alle drei Varianten in einer kleinen Vorführung einbauen möchte, sollte man die Bänder vorher vorbereiten und einheitliches Papier wählen (Krepppapierstreifen, Länge knapp 1 m). Das Einzeichnen der Spuren kann, falls nötig, ein Erwachsener übernehmen.

Maikäfer und Marienkäfer (Rätsel)
Eine anspruchsvolle, visuelle Aufgabe, bei der genau beobachtet werden muss. Sie kann selbständig durchgeführt werden. Die Seite passt gut zum Thema Maikäfer/Marienkäfer/Insekten. Um die Aufgabe verständlicher zu gestalten, kann man mit den Kindern einen Papierstreifen einfärben und falten.

Weiterführende Anregung
Zum Möbius-Band gibt es fantastische Zeichnungen von M. C. Escher, die man im Unterricht erkunden lassen kann: Hier krabbeln Ameisen auf dem Band unten und oben entlang. Wenn man den Weg der Ameisen visuell verfolgt, wird auch hier das verblüffende Phänomen deutlich, dass man von der Unter- auf die Oberseite wechselt, obwohl man sich nur auf einer Seite bewegt!

5. Fünf Buntstifte (Seite 25–28)

Fünf Buntstifte – Zaubertrick
- fünf Buntstifte in verschiedenen Farben

In der Klasse, Gruppe oder Therapiesituation schrittweise lesen und umsetzen

Der stehende Stift – Zaubertrick
- ein Blatt Papier
- eine Schere
- ein dicker Stift, der gut von alleine aufrecht steht

Wem gehören die Stifte? (Logical)

Lösung im Anhang

Farben für den Papagei (Malaufgabe)

Lösung im Anhang

Bei dieser Aufgabe geht es um Farbadjektive (goldgelb, himmelblau etc.), die richtig zusammengesetzt werden sollen. Es ist sinnvoll, wenn die Kinder alle Kärtchen zuerst platzieren und sie erst dann aufkleben.

6. Die schwimmende Büroklammer (Seite 29–32)

Der Wasserberg – Experiment
- ein flacher Teller, auf dem ein Glas gut steht
- zwei gewöhnliche Trinkgläser oder Becher mit glattem Rand
- eine Flasche oder ein Messbecher
- ein Trinkröhrchen

Da bei diesem Experiment Wasser im Spiel ist, lohnt es sich, die Arbeitsplätze abzudecken bzw. Lappen bereitzuhalten. Möglicherweise muss die Lehrperson vorzeigen, wie man durch Abdrücken eines Trinkröhrchens einige Tropfen Wasser transportieren kann.

Können Büroklammern schwimmen? (Weiterführendes Experiment)
- eine Dutzend Büroklammern
- ein Glas, mit Wasser gefüllt
- ein Papiertaschentuch
- eine Schere

Quiz für begeisterte Forscher (Quiz und weiterführendes Experiment)
- ein Glas, mit Wasser gefüllt
- zwei Büroklammern
- ein Papiertaschentuch
- eine Schere
- eine dünne Nähnadel
- etwas Spülmittel

Hier wird das Experiment mit der schwimmenden Büroklammer ein wenig vertieft.
Lösung im Anhang

Verliebte Büroklammern – Zaubertrick
- zwei Büroklammern (3,2 cm oder etwas größer)
- ein Streifen Papier, ca. 10 x 30 cm

Da die Büroklammern beim Zusammenziehen des Papiers die Tendenz haben, nach oben zu rutschen, müssen sie immer wieder daraufgeschoben werden. Mit etwas größeren Büroklammern (Länge ca. 3,2 cm) funktioniert der Trick leichter.

7. Ballon-Tricks (Seite 33–36)

Der rasende Luftballon – Experiment
- ein fester Faden, der quer durchs Schulzimmer reicht
- ein Trinkröhrchen (wenn möglich ohne Knick, ansonsten den Knick abschneiden)
- Klebestreifen
- ein Luftballon

Dieses Experiment finden viele Kinder toll, da der Ballon wirklich mit einer irrsinnigen Geschwindigkeit losrast! Am besten erarbeitet man das Experiment mit der ganzen Klasse schrittweise, da es viel Raum erfordert und das ganze Klassenzimmer beansprucht wird. Je nach Steigung des Fadens flitzt der Ballon schneller oder langsamer.

Luftballons verzaubern – Zaubertrick
- *mindestens zwei Luftballons*
- *Klebestreifen*
- *eine Stecknadel*
- *ein wasserfester Filzstift*

Die Luftballons nicht allzu fest aufblasen, da sie sonst trotz des Klebestreifens platzen können. Möglichst dünne, feine Nadeln verwenden und darauf achten, dass der Klebestreifen wirklich fest aufgeklebt wird! Es kann auch mal vorkommen, dass der präparierte Ballon während einer Vorführung platzt. Mit den Kindern sollte man darüber reden, wie man sich dann am besten aus der Affäre zieht. Es bietet sich an, die Kinder in Gruppen fantasievolle Ausreden erfinden zu lassen, welche sie einander präsentieren.

Der Konfetti-Magnet – Experiment
- *ein Luftballon*
- *Konfetti oder Papierschnipsel*
- *ein Lineal aus Plastik*

Als Konfettis eignen sich Schnipsel aus Zeitungspapier oder der Abfall aus einem Locher. Dieses Experiment gelingt am besten in der Heizperiode oder bei Trockenheit wegen der geringeren Luftfeuchtigkeit. Beim Reiben des Ballons eventuell Hilfestellung leisten (weiches Tuch zum Reiben bereithalten) und darauf achten, dass das Experiment nach dem Reiben sofort durchgeführt wird, sonst entlädt sich der Ballon wieder!

Drei Fesselballons am Himmel (Logical)
Lösung im Anhang

8. Durch eine Postkarte steigen (Seite 37–42)

Wer kann durch eine Postkarte steigen? – Zaubertrick
- *ein Blatt Papier*
- *ein roter Stift (Buntstift oder Filzschreiber)*
- *ein Lineal*
- *eine Schere*

Obwohl der Zaubertrick relativ einfach durchführbar ist und leicht gelingt, erfordert er ein hohes Maß an Konzentration und motorischen Fähigkeiten. Bei der ersten Durchführung eignet sich Papier besser, da es dehnbarer ist als das dicke Papier einer Postkarte. Die Kinder müssen die Schnitte dicht beieinander ausführen (Abstand nicht größer als 1 cm), damit die Öffnung weit genug wird.

Domino zum Postkartentrick (Lesedomino)
Lösung im Anhang

Ver-rückte Buchstaben (Rätsel)
Lösung auf der Rückseite des Rätsels
Kindern mögen Wortspiele. Die falsch geschriebenen Wörter sind leicht zu finden, wenn der Zaubertrick vorher besprochen wurde.

Wer hat welche Postkarte verschickt?
Lösung im Anhang

9. Hellseher-Tricks (Seite 43–48)

Gedankenlesezauberstab – Zaubertrick (über zwei Seiten)
- ein Kartenspiel
- ein Zauberstab

In der Klasse den Text schrittweise lesen und umsetzen. Die Lehrperson sollte in unteren Klassenstufen beim ersten Mal anwesend sein, um den Erfolg zu sichern. Als Bastelarbeit bietet sich die Herstellung eines Zauberstabes an, z.B. aus einem Stück Rundholz, verziert mit Farben und Glitter, je nach Fantasie der Kinder.

Zahlen erraten – Zaubertrick
- ein Bleistift
- ein Stück Papier

Voraussetzung für die erfolgreiche Durchführung dieser Zahlentricks sind Grundkenntnisse des Einmaleins. Beim ersten Trick muss man einstellige Zahlen verdoppeln und zweistellige Zahlen bis 28 halbieren können.
Beim zweiten Trick (schwieriger) muss man die Sechserreihe beherrschen, ev. mit der schriftlichen Multiplikation vertraut sein (zweistellige Zahlen mal 3 nehmen) und die Division beherrschen (geteilt durch 2, geteilt durch 9).

Hellsehen mit Münzen – Zaubertrick
- ein Hut oder eine Schachtel
- drei unterschiedliche Münzen

Die magische Zwölf – Zaubertrick
- 12 verschiedene Spielkarten

Das korrekte Auszählen der Karten (eine Karte unter den Stapel, eine weglegen ...), ist nicht so einfach. Die Lehrkraft sollte den Handlungsablauf beim ersten Mal überwachen und falls nötig korrigieren.

10. Das Flaschen-U-Boot (Seite 49–54)

Experiment
- eine 1.5 l Plastikflasche (PET)
- Glasröhrchen (geeignet sind Backaromafläschchen, die es in jedem Supermarkt gibt)

Es empfiehlt sich, das Experiment zur Probe vorher durchzuführen und die ideale Füllhöhe bei den Glasröhrchen mit einem wasserfesten Filzstift zu markieren, um einen reibungslosen Ablauf im Unterricht zu garantieren. Bei 8 cm langen Röhrchen beträgt die Füllhöhe etwa 3,5 cm. Grundsätzlich gilt: Die Röhrchen sollen so hoch befüllt werden, dass sie gerade noch an der Wasseroberfläche schwimmen, dabei aber ziemlich weit eintauchen.
Wenn durch den Druck der Wasserspiegel in den Röhrchen etwas steigt, sollten sie aber sofort absinken.
Für manche Kinder ist es außerdem schwierig, genau darauf zu achten, dass kein Wasser aus dem Röhrchen läuft, wenn man es mit der Öffnung nach unten in die Flasche eintaucht.

U-Boote – Technik und Rekorde (Wissenstext)
U-Boote sind technisch für viele Kinder interessant und bieten Stoff für Diskussionen. Viele haben sicher schon im Fernsehen Sendungen gesehen, in denen U-Boote vorkamen. In diesem Text sind einige Fakten über U-Boote zusammengetragen.

Der Schatz auf dem Meeresgrund (Malaufgabe)
Lösung im Anhang
Die Malaufgabe sollte vor dem Rätsel „In den Tiefen des Meeres" gelöst werden, da einige Begriffe darin vorkommen, die nachher im Rätsel benötigt werden.

In den Tiefen des Meeres (Rätsel)
Lösung auf der Rückseite des Rätsels

Die Münze im Teich

Du brauchst:
- einen Teller
- eine Münze
- eine Kerze
- ein Glas
- ein Feuerzeug oder Streichhölzer

1. Lege die Münze an den Rand des Tellers.

2. Fülle den Teller mit Wasser, so dass die Münze bedeckt ist.

Kannst du die Münze herausholen, ohne nasse Finger zu bekommen?

?

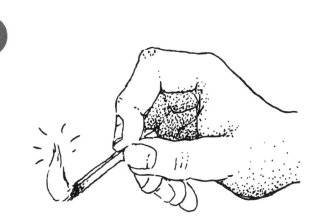

3. Stelle die Kerze in die Mitte des Tellers.

4. Zünde sie an.

5. Drehe das Glas um und stülpe es über die Kerze.

Was passiert?

Die Münze liegt im Trockenen.
Das Wasser im Glas steigt nach oben.
Die Kerze geht aus.

Anleitung zum Münzentrick

Zu jedem Bild gehört ein Satz. Ordne die Wörter in den Kästchen und schreibe den gefundenen Satz auf die Linien unter das passende Bild.

1	2

3	4

5	6

Kerze	Stelle	eine
in	Mitte	die

die	Zünde	Kerze
an		

Glas	Stülpe	ein
über	Kerze	die

Teller	Fülle	den
Wasser	mit	

Münze	eine	Lege
einen	Teller	auf

Wasser	Das	Glas
im	steigt	hoch

Kennst du die richtigen Antworten?

Lies genau und kreuze an, was stimmt. Wenn du alles richtig hast, ergeben die Buchstaben bei deinen Antworten das Lösungswort.

1. Was braucht eine Kerze, damit sie brennt?
   - ☐ L Sauerstoff
   - ☐ I Kohlenstoff

2. Warum geht die Kerze im Glas aus?
   - ☐ A Der Sauerstoff im Glas wird verbraucht.
   - ☐ H Die Luft im Glas ist zu feucht.

3. Warum steigt das Wasser im Glas hoch?
   - ☐ H Das Wasser wird warm.
   - ☐ I Der Sauerstoff wurde verbraucht. Dadurch wird Platz frei.

4. Stelle dir eine Flasche vor mit einem Liter Luft darin. Wie viel davon ist Sauerstoff?
   - ☐ P ein halber Liter
   - ☐ N weniger als ein viertel Liter

5. Wann steigt das Wasser im Glas schneller an?
   - ☐ T Wenn die Kerze hell brennt.
   - ☐ E Erst, wenn die Kerze ausgegangen ist.

6. Warum steigt das Wasser erst hoch, wenn die Kerze ausgegangen ist?
   - ☐ I Das Wasser hat Angst vor der Flamme und traut sich erst ins Glas, wenn die Kerze ausgegangen ist.
   - ☐ G Solange die Kerze brennt, verschwindet der Sauerstoff langsam. Dafür braucht die Luft mehr Platz, weil sie warm wird. Erst wenn die Kerze aus ist, kühlt die Luft ab und zieht sich zusammen.

Lösungswort: _____ ⇦ *(Lies vorwärts oder rückwärts.)*

Drei geheimnisvolle Münzen

Auf dem Tisch liegen drei alte Münzen:
eine aus Mexiko, aus Irland und eine aus Schweden.

Schneide die Münzen entlang den gestrichelten Linien aus und bringe sie in die richtige Reihenfolge. Schreibe unter jede Münze in die Kästchen den Namen des Landes. Die Buchstaben in den Zahlenkästchen ergeben in der richtigen Reihenfolge gelesen das Lösungswort.
Achtung: Du brauchst nicht für jedes Land alle Kästchen unter den Münzen.

1. Die Münze, auf der ein Pfau ist, kommt nicht aus Schweden.

2. Auf der Münze in der Mitte sind drei Kronen abgebildet.

3. Die Münze aus Irland liegt links neben der Münze aus Schweden.

4. Auf der mexikanischen Münze steht eine Jahreszahl.

Lösungswort: _____

✂ ┄┄┄┄┄┄┄┄┄┄┄┄┄┄┄┄┄┄┄┄┄┄┄┄┄┄┄┄┄┄┄┄┄┄┄

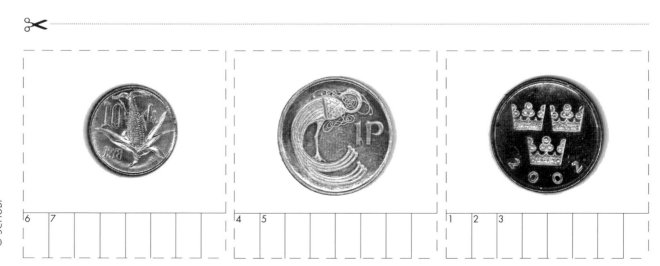

Der wippende Schmetterling

Du brauchst: - ein Stück Karton
- zwei Münzen
- Klebstoff
- eine Schere
- einen Bleistift
- Buntstifte

1. Schneide den unten abgebildeten Schmetterling aus.
2. Lege ihn auf ein Stück Karton und umfahre ihn mit Bleistift. Schneide die Form auf dem Karton aus und male sie bunt an.
3. Nimm den Schmetterling aus Papier und lege ihn auf die unbemalte Seite deines Kartonschmetterlings. Umfahre mit deinem Stift die grauen Kreise. Drücke dabei etwas fester, damit es auf dem Karton eine Rille gibt.
4. Klebe die Münzen genau auf die gerillten Kreise. Drücke die Münzen gut fest!
5. Lass den Klebstoff trocknen. Danach kannst du deinen Schmetterling testen: Lege seinen Kopf auf die Klebstoffflasche. Bleibt er auch auf deiner Fingerspitze sitzen?

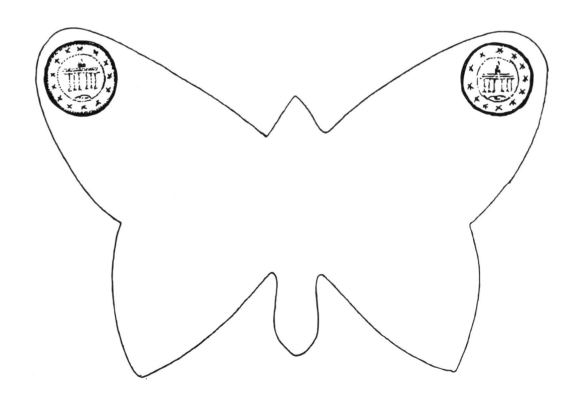

Der wippende Schmetterling

Woran liegt es, dass dein Schmetterling nicht herunterfällt?

○ am langen Schwanz
○ weil die Flügel ihn in der Luft halten
○ weil die Münzen vorne so schwer sind

Die schweren Münzen ziehen die beiden Flügel vorn nach unten. So ist das kleine Stück des Schmetterlings, das nach vorne raussteht, gleich schwer wie der ganze hintere Teil des Körpers. Der Gewichtsmittelpunkt liegt nicht mehr in der Mitte, sondern vorn am Kopf. Den Gewichtsmittelpunkt nennt man Schwerpunkt.

Anleitung für den wippenden Schmetterling

Diese Bilder zeigen dir die sechs Arbeitsschritte. Nummeriere sie in der richtigen Reihenfolge. Die Nummern kannst du in die Kästchen schreiben. Falls du bei der Reihenfolge nicht mehr ganz sicher bist, kannst du sie im Anleitungstext nachlesen.

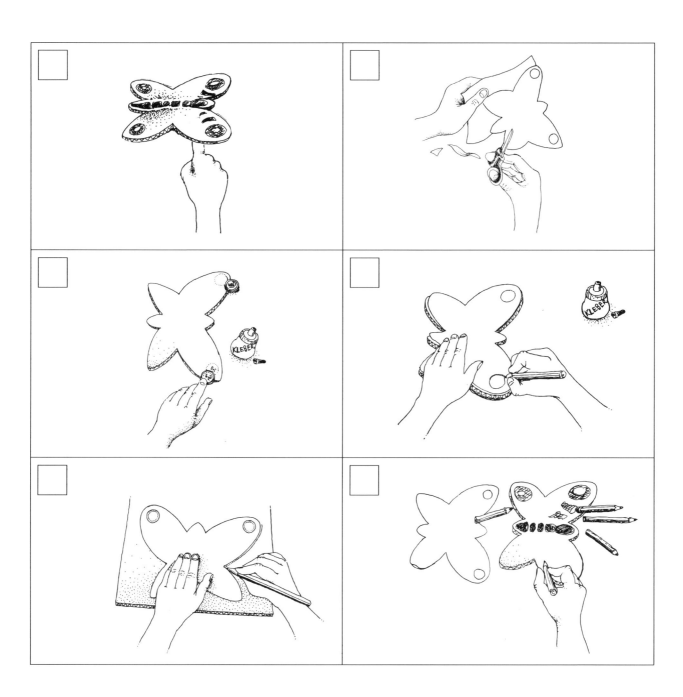

Kennst du diese Insekten?

Schmetterlinge gehören zu den Insekten. Auch Marienkäfer, Heuschrecken,
Waldameisen und Bienen gehören zu dieser Tierart.
Lies die Sätze gut durch und setze jeweils den passenden Tiernamen ein!

1. Sie sammeln Nadeln von Tannen und anderen Nadelbäumen und schichten sie
   auf. Diese Haufen können einen Meter hoch werden. Manchmal leben mehr als
   hunderttausend _____ in einem Bau.

2. Sie haben eine Königin, aber keinen König. Ihr Haus nennt man Stock.
   Und ohne die _____ gäbe es keinen Honig.

3. Sie leben zunächst als Raupen. Wenn sie genug gefressen haben, verpuppen
   sie sich. Wenn sie schlüpfen, werden sie zu _____ mit
   wunderbar bunten Flügeln.

4. Die _____ haben rote Flügel mit schwarzen Punkten und
   gelten als Glücksbringer. Sie sind nützlich, da sie Blattläuse fressen.

5. Sonnige Wiesen sind ihr Zuhause. _____ singen oft
   auch abends. Ihre grüne Farbe ist eine gute Tarnung, wenn sie auf Grashalmen
   herumklettern. Fliegen können sie nicht. Aber sie sind die besten Weitspringer.

In welcher Reihenfolge kommen die Tiere in den Sätzen vor?
Bilde aus den Buchstaben in den Kästchen das Lösungswort:

Bienen R   Heuschrecken A   Schmetterlinge I
Waldameisen P   Marienkäfer M

Das Lösungswort lautet:

1.	2.	3.	4.	5.

In diesem Rätsel sind 15 Wörter aus dem Anleitungstext versteckt. Suche waagrecht und senkrecht. Übermale die Wörter mit verschiedenen Farben.

F	U	H	S	C	H	W	A	N	Z	B	P	H	J	S	K
O	H	Y	Z	K	H	E	E	Q	K	K	A	S	I	C	A
R	Q	F	E	P	C	M	X	G	U	J	P	H	X	H	R
M	S	C	H	M	E	T	T	E	R	L	I	N	G	E	T
Q	Q	L	C	O	S	X	V	A	O	X	E	L	R	R	O
N	N	M	J	K	H	B	G	Z	B	K	R	J	M	E	N
K	L	E	B	S	T	O	F	F	F	L	A	S	C	H	E
S	K	R	E	I	S	R	N	G	F	L	Ü	G	E	L	Q
T	L	O	E	Y	R	N	K	C	U	L	M	Ü	N	Z	E
Ü	U	T	P	F	I	N	G	E	R	S	P	I	T	Z	E
C	F	V	A	F	B	B	L	E	I	S	T	I	F	T	C
K	T	I	D	A	N	B	U	N	T	S	T	I	F	T	R

Hast du alle 15 Wörter gefunden? Dann notiere sie auf den Linien unten.

1 _____   2 _____

3 _____   4 _____

5 _____   6 _____

7 _____   8 _____

9 _____   10 _____

11 _____   12 _____

13 _____   14 _____

15 _____

Lösung

Waagrecht:

Bleistift
Buntstift
Fingerspitze
Flügel
Klebstoffflasche
Kreis
Münze
Schmetterling
Schwanz

Senkrecht:

Form
Luft
Karton
Papier
Schere
Stück

F			S	C	H	W	A	N	Z		P			S	K
O											A			C	A
R											P			H	R
M	S	C	H	M	E	T	T	E	R	L	I	N	G	E	T
											E			R	O
											R			E	N
K	L	E	B	S	T	O	F	F	F	L	A	S	C	H	E
S	K	R	E	I	S				F	L	Ü	G	E	L	
T	L							M	Ü	N	Z	E			
Ü	U		F	I	N	G	E	R	S	P	I	T	Z	E	
C	F			B	L	E	I	S	T	I	F	T			
K	T			B	U	N	T	S	T	I	F	T			

1. Ihre Nahrung saugen Schmetterlinge durch den ...
2. Wie viele Beine haben Schmetterlinge?
3. Wie nennt man die Tropfen, die man am Morgen im feuchten Gras findet?
4. Dort gibt es Blütensaft.
5. Manche Schmetterlinge fliegen am Tag, manche in der ...
6. Zwei lange Antennen am Kopf
7. Im ... fühlen sich Schmetterlinge wohl.
8. Hier leben die meisten Schmetterlinge.
9. Schmetterlinge lieben ihre Strahlen.
10. In dieser Jahreszeit fühlen sie sich am wohlsten.
11. Schmetterlinge leben zuerst als ...
12. Wie bewegen sich Schmetterlinge fort? Sie ...
13. Käfer, Ameisen, Bienen und Schmetterlinge gehören zu den ...
14. Wie viele Flügelpaare haben Schmetterlinge?

Wenn du alles ausgefüllt hast, findest du in den grauen Kästchen das Lösungswort.

Es ist eine Schmetterlingsart.

Lösungswort: _____ ⬅ *(Lies vorwärts oder rückwärts.)*

```
14  R  Ü  S  S  E  L
13  S  E  C  H  S
12  T  A  U
11  B  L  Ü  T  E
10  N  A  C  H  T
 9  F  Ü  H  L  E  R
 8  G  A  R  T  E  N
 7  W  I  E  S  E
 6  S  O  N  N  E
 5  S  O  M  M  E  R
 4  R  A  U  P  E
 3  F  L  A  T  T  E  R  N
 2  I  N  S  E  K  T  E  N
 1  Z  W  E  I
```

Lies rückwärts (von unten nach oben): Zitronenfalter

Ein seltener Schmetterling

Marco hat in einem Buch ein Bild von einem wunderschönen Schmetterling gefunden. „Tagpfauenauge" steht darunter. Er hat ihn mit Bleistift abgezeichnet. Jetzt fehlen nur noch die Farben und einige Einzelheiten:

Am Kopf hat der Schmetterling zwei schwarze, gerade Fühler.

An der Seite des Kopfes sitzen zwei kleine Halbkugeln. Das sind die Augen.

Der Rumpf des Schmetterlings ist braun und hat hinten vier dünne, hellbraune Querstreifen.

Jeder Vorderflügel hat ein „Auge" oben in der Ecke. Der kleine Kreis innen ist schwarz. Der Ring um den Kreis herum ist oben gelb und unten blau.

Der Rest der Vorderflügel ist rot.

Auch die unteren Flügel haben zwei „Augen". Der kleine Kreis innen ist blau, der Rand ist gelb.

Der übrige Teil der unteren Flügel ist auch rot.

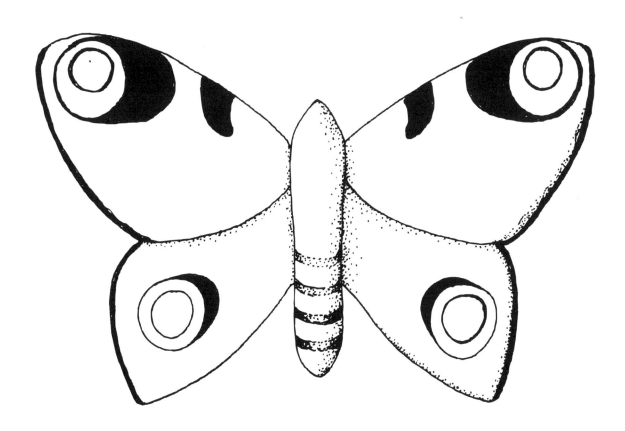

Die Brücke aus Papier

Du brauchst: - drei Gläser
- ein Blatt Papier

1. Stelle zwei Gläser auf den Tisch. Der Abstand zwischen ihnen soll so breit sein, dass deine Hand dazwischen passt.
2. Nimm ein Blatt Papier und lege es wie eine Brücke auf die beiden Gläser.
3. Versuche, auf diese Brücke das dritte Glas zu stellen, ohne dass es herunterfällt! Geht das?
4. Mache deine Brücke stabiler: Lege das Blatt quer vor dir auf den Tisch und falte es abwechslungsweise nach vorne und nach hinten wie eine Ziehharmonika. Die einzelnen Rippen sollten etwa so breit sein wie dein Finger.
5. Lege das gefaltete Papier auf die Gläser.
6. Deine Brücke ist jetzt viel stabiler. Sie kann das dritte Glas ohne Mühe tragen!

Kannst du die Bilder ordnen? Schreibe die richtigen Nummern in die Kästchen.

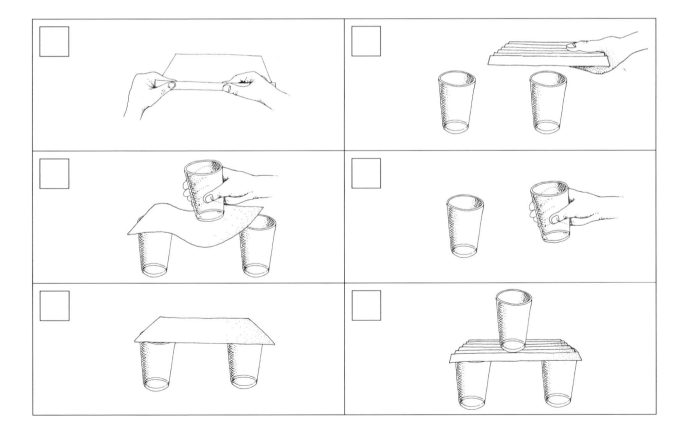

Welches Gewicht kann deine Brücke tragen? Probiere es aus, indem du das Glas mit verschiedenen Gegenständen füllst.

Es gibt verschiedene Arten von Brücken. Lies die drei Texte und suche zu jedem das passende Bild. Schreibe die Nummern in die Kästchen.

1. Diese Brücken können tiefe Schluchten, breite Flüsse oder sogar Meeresarme überspannen. Man benötigt dafür dicke Seile. Früher wurden sie aus Pflanzenmaterial hergestellt, heute verwendet man dafür Stahl. Die Seile sind fest an den beiden Ufern verankert und laufen über die Spitzen der Pfeiler. Die Fahrbahn wird an den Seilen aufgehängt.

2. Schon die Römer bauten diese Brücken. Sie wurden damals aus Stein gebaut. Wegen der langen Bögen, die von Pfeiler zu Pfeiler führen, können sie sehr schwere Lasten tragen. Manche dieser Brücken stehen seit Hunderten von Jahren, so stabil sind sie gebaut.

3. Diese Art von Brücke ist sehr einfach gebaut. Sie wird nur durch die Stützpfeiler getragen. Bei längeren Brücken braucht man allerdings sehr viele Pfeiler. Man kann diese Brücken rasch und ohne viel Aufwand erstellen. Deshalb wurden die ersten Eisenbahnbrücken in Amerika auf diese Weise gebaut, einfach aus Baumstämmen!

Bogenbrücke

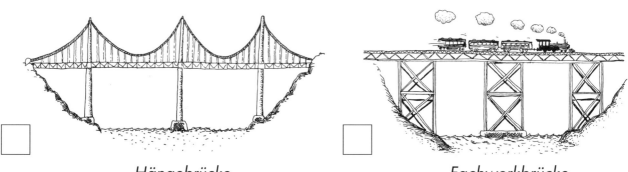

Hängebrücke   *Fachwerkbrücke*

In den Sommerferien machst du eine Reise nach Holland. Du besuchst auch die Hauptstadt Amsterdam. Dort gibt es viele Kanäle und interessante Brücken.

Zuerst machst du mit dem Schiff eine Hafenrundfahrt. Auf der Prinzeninsel steigst du aus. Du hast dir vorgenommen, auf einem Rundgang alle acht Brücken zu besichtigen. Aber du möchtest jede Brücke nur ein einziges Mal überqueren!

Zeichne auf deinem Stadtplan ein, welcher Weg möglich ist. Wo wird dein Rundgang enden?
Falls du mehrere Lösungen findest, benütze verschiedene Farben zum Einzeichnen.

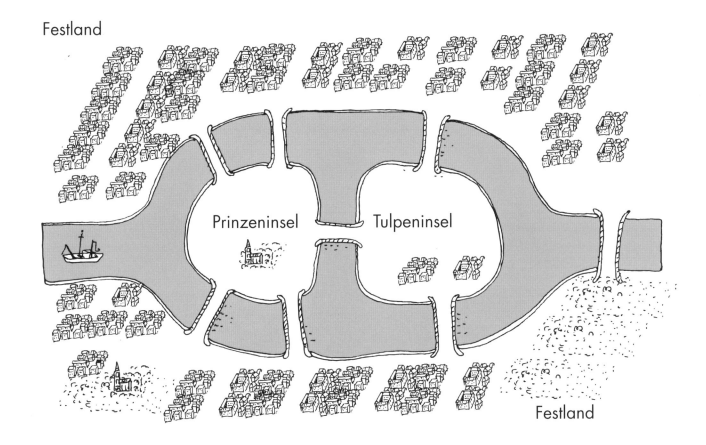

Festland

Prinzeninsel   Tulpeninsel

Festland

Dein Rundgang endet auf der Tulpeninsel.

Auf einer engen Holzbrücke im Gebirge begegnen sich fünf Autos.
Zwei wollen von Oberhofen nach Unterhofen, drei Autos kommen ihnen entgegen.

Die Brücke ist recht schmal und hat nur eine Fahrspur.
In der Mitte gibt es eine Ausweichstelle.
Dort hat aber nur ein Auto Platz.

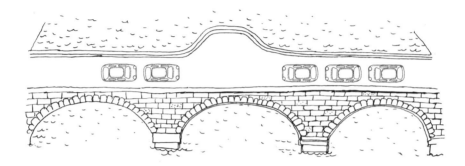

Wie kommen die Autos aneinander vorbei, ohne dass ein Auto die Brücke verlassen muss?

Schneide die Autos unten aus und versuche die Lösung zu finden, indem du sie herumschiebst! Denke daran, dass die Autos vorwärts- und rückwärtsfahren können. Welches Auto sollte zuerst auf die Ausweichstelle fahren, damit es möglichst schnell geht?

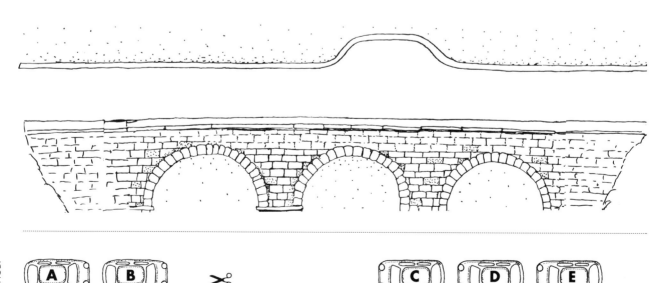

Das magische Band

Du brauchst: - eine Rolle Krepp- oder Packpapier
                            - eine Schere
                            - Klebstoff
                            - einen Bleistift

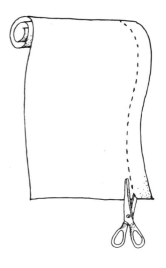

1. Schneide zwei lange Streifen Krepppapier ab.
Jeder Streifen soll ungefähr vier Zentimeter breit sein
und etwa einen Meter lang.

2. Klebe die beiden Enden des ersten Streifens
so zusammen, dass ein geschlossenes Band entsteht.
Achte darauf, dass es nicht verdreht ist!

3. Beim zweiten Streifen drehst du vor dem
Zusammenkleben ein Ende um.
Die Unterseite soll oben sein.
Dann klebst du das verdrehte Band zusammen.

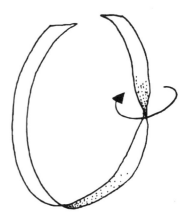

4. Zeige deinen Zuschauern die Bänder. Beide sehen gleich aus.
Nimm das erste Band und frage: „Kann man dieses Band so auseinanderschneiden,
dass zwei Bänder daraus entstehen?"

Das magische Band

Sicher wird sich ein Zuschauer melden und es vorführen, indem er das Band vorsichtig der Länge nach auseinanderschneidet.

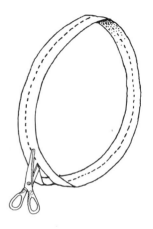

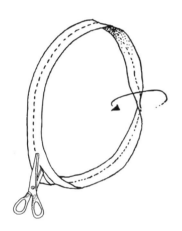

5. Dann sagst du: „Gut gemacht! Aber jetzt werde ich die Schere verzaubern!" Du nimmst die Schere und murmelst einen Zauberspruch. Dann erklärst du:
„Ich werde jetzt auch das zweite Band in der Mitte auseinanderschneiden. Aber ihr werdet staunen!"

Diesmal entstehen nämlich nicht zwei Bänder, sondern es entsteht ein einziges, ganz langes Band!

Wenn jemand wissen will, wie du das gemacht hast, erklärst du nur: „Mit meiner verzauberten Schere kann man das Band nicht in zwei Teile schneiden. Durch das Schneiden wird es nur länger, aber es bleibt ganz!"

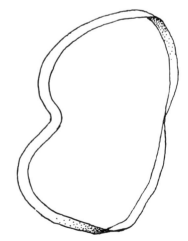

Mehr vom magischen Band

Das magische Band steckt voller Geheimnisse! Möchtest du sie weiter erforschen?

Du brauchst: - ein Blatt Papier

              - einen Bleistift

              - eine Schere

1. Stelle noch einmal ein magisches Band her. Diesmal nimmst du normales Papier. Schneide von einem Blatt an der Längsseite einen Streifen ab. Er soll etwa zwei Finger breit sein.

2. Ziehe auf der Vorder- und auf der Rückseite deines Streifens mit Lineal und Bleistift zwei durchgehende Linien. Es soll so ähnlich aussehen wie bei einer Autobahn mit drei Spuren. Achte darauf, dass die Linien der Vorder- und der Rückseite möglichst übereinander liegen.

3. Bevor du den Streifen zusammenklebst, verdrehst du das Papier wieder an einem Ende. Die eingezeichneten Linien sollen genau aufeinanderliegen.

4. Stell dir vor, du wärst mit deinem Auto auf dieser Autobahn unterwegs. Nimm deinen Finger und fahre auf dem Band entlang. Was fällt dir auf?

5. Suche dir dann einen Punkt auf einer der Linien und fange an, der Linie entlang zu schneiden!
   Wie sieht das Ergebnis aus? Kreuze die richtige Antwort an.

○ Es entsteht ein einziges, ganz langes Band.

○ Es entstehen zwei einzelne, gleich lange Bänder.

○ Es entsteht ein kurzes und ein langes Band. Die beiden Bänder hängen zusammen.

Es entsteht ein kurzes und ein langes Band. Die beiden Bänder hängen zusammen.

Du hast drei Möglichkeiten kennen gelernt, wie man Papierbänder zusammenkleben und auseinanderschneiden kann. Dabei erhält man drei verschiedene Ergebnisse. Wenn du beim Schneiden einen passenden Spruch sagen kannst, wird deine Zauberei noch spannender. Lies die drei Sprüche und überlege, zu welchem Trick sie passen. Setze dann die richtige Nummer ein!

☐ Zauberscheren schneiden scharf,
scharf schneiden Zauberscheren,
fünf, sechs, sieben, acht,
das Band wird lang gemacht!

☐ Schere, Schere, du musst wandern, von dem einen Strich zum andern,
zweimal schneid´ ich rundherum, immer gerade und nicht krumm!
Ein kurzes und ein langes Band, will ich hier in meiner Hand!

☐ Schnipp, schnapp, schnipp, schnapp, eins, zwei, drei,
aus einem Band, da werden zwei!

Trick 1: Das Band wird nicht verdreht.
Es entstehen zwei Ringe.

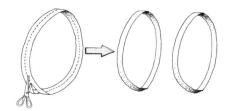

Trick 2: Das Band wird verdreht.
Ein langer Ring entsteht.

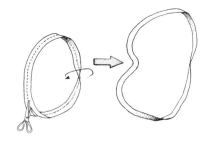

Trick 3: Auf der Ober- und der Unterseite
werden zwei Linien eingezeichnet.
Dann wird das Band verdreht und
zusammengeklebt.
Als Ergebnis erhält man zwei
zusammenhängende Ringe!

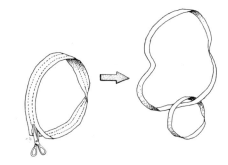

Maikäfer und Marienkäfer

Auf einem langen Papierstreifen laufen ein Marienkäfer und ein Maikäfer. Der Marienkäfer startet am linken Ende des Streifens, der Maikäfer startet rechts.

Der Streifen wurde mehrmals gefaltet. Der Marienkäfer krabbelt auf der Oberseite des Streifens. Der Maikäfer läuft auf der anderen Seite.

Male die Seite, wo der Marienkäfer laufen wird, rot an.
Male die andere Seite, also den Weg des Maikäfers, grün an!
Jeder Käfer krabbelt über zehn Buchstaben hinweg, die ein Lösungswort ergeben.
Schreibe die Lösungswörter unten auf!

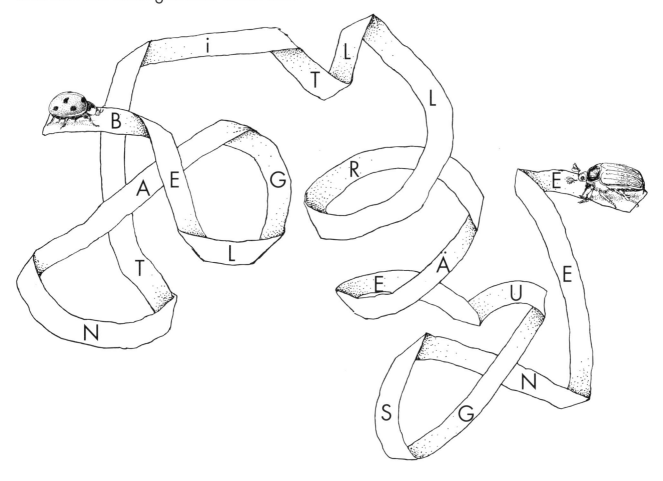

Lösungswort für den Marienkäfer: _ _ _ _ _ _ _ _ _ _ . Das ist seine Hauptnahrung, jeder Marienkäfer vertilgt 40-50 Stück davon am Tag.

Lösungswort für den Maikäfer: _ _ _ _ _ _ _ _ _ _ . So nennt man die Larven des Maikäfers. Sie leben unter der Erde und fressen Unmengen von Wurzeln. Erst nach mehreren Jahren verpuppen sie sich. Aus den Puppen schlüpfen dann die Maikäfer.

Fünf Buntstifte

Du brauchst: - fünf verschiedene Buntstifte

1. Erkläre deinen Zuschauern am Anfang, worum es geht:
   „Ich bin ein Zauberer und habe eine feine Nase.
   Das werde ich euch jetzt beweisen! Während ich mich
   umdrehe, darf einer von euch einen der fünf Buntstifte
   auswählen. Er soll den Stift mindestens zehn Sekunden
   festhalten und sich die Farbe gut merken. Ich werde
   dann den richtigen Stift allein am Geruch erkennen!"

2. Dann drehst du dich um. Ein Zuschauer wählt einen Stift und gibt ihn dir in die
   linke Hand auf deinem Rücken. Die anderen Stifte kommen in deine rechte Hand.

3. Du wendest dich wieder den Zuschauern zu, behältst die Hände aber hinter dem
   Rücken. Während du mit dem Fingernagel vom Stift in der linken Hand etwas
   Farbe abkratzt, murmelst du einen Zauberspruch.

4. Danach drehst du dich wieder zur Wand. Die Stifte lässt du hinter deinem Rücken
   und bittest die Versuchsperson, sie zu mischen. Während sie damit beschäftigt ist,
   wirfst du heimlich einen Blick auf deinen Fingernagel.

5. Darauf wendest du dich wieder den Zuschauern zu. Die Versuchsperson soll dir
   die Buntstifte jetzt nacheinander geben, damit du daran riechen kannst. Dabei
   tust du so, als ob du dich ganz schön anstrengen müsstest! Zum Erstaunen deiner
   Zuschauer kannst du genau angeben, welcher Stift ausgewählt worden war.

Du brauchst: - einen dicken Stift, der gut stehen kann
- ein Blatt Papier

1. Schneide vom Blatt Papier einen langen Streifen ab, der etwa fingerbreit ist.

2. Lege den Papierstreifen auf den Tisch und lasse ihn wie auf dem Bild über den Rand herunterhängen. Damit der Streifen nicht vom Tisch rutscht, musst du ihn mit einer Hand festhalten.

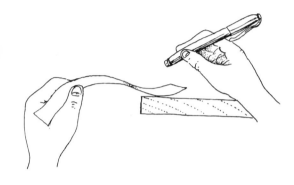

3. Stelle den Stift mit der anderen Hand vorsichtig und ohne zu zittern auf den Papierstreifen.
Sobald der Stift steht, kannst du ihn loslassen.

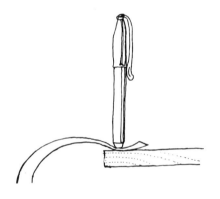

Jetzt geht es um die Wette:
Wer kann den Papierstreifen unter dem Stift wegziehen, ohne dass der Stift umfällt?

Lösung

Wem gehören die Stifte?

Auf dem Tisch liegen vier verschiedene Buntstifte. Sie gehören Anna, Lisa, Benni und Marco. Jeder der Stifte gehört einem anderen Kind.

Male die Stifte in den passenden Farben an. Schreibe dann den Namen des Kindes, dem der Stift gehört, ins Kästchen!

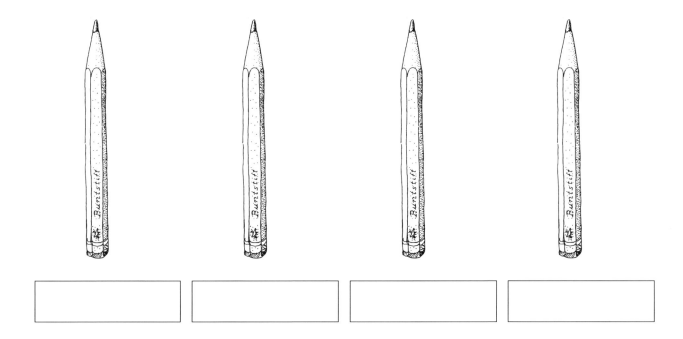

1. Einer der beiden mittleren Stifte ist grün.
2. Der rote Buntstift liegt am Rand.
3. Der gelbe Buntstift liegt ganz links.
4. Links neben dem grünen liegt der blaue Buntstift.
5. Anna hat keinen roten Stift.
6. Lisas Stift liegt rechts neben Marcos Stift.
7. Der Stift von Marco liegt am Rand.

Farben für den Papagei

Schneide die Wörter in den
grauen Kästchen entlang
den gestrichelten Linien aus.

Suche zu jedem Farbkärtchen
das passende Wort in der
ersten Spalte und klebe es
dahinter auf.

Wenn du alles richtig gemacht
hast, erhältst du ein Lösungswort.
Male den Papagei mit den Farben
an, die den Nummern entsprechen!

hier aufkleben

1	GOLD	
2	HIMMEL	
3	FEUER	
4	GRAS	
5	MAUS	
6	PECH	
7	SCHOKOLADEN	
8	SCHNEE	
9	SCHWEINCHEN	

✂ -

GRÜN	**T**	BLAU	**U**	WEISS	**F**
GELB	**B**	ROSA	**T**	GRAU	**S**
SCHWARZ	**T**	ROT	**N**	BRAUN	**I**

Du brauchst: - einen Teller
- zwei Gläser
- eine Flasche
- ein Trinkröhrchen

Wusstest du, dass man aus Wasser einen richtigen kleinen Berg formen kann?
Hier ist der Beweis:

1. Fülle die Flasche mit Wasser und stelle sie auf den Tisch.
2. Stell den Teller auf den Tisch und eines der Gläser mitten auf den Teller.
3. Nimm die Flasche und fülle das Glas auf dem Teller bis zum Rand mit Wasser.
   Das andere Glas füllst du nur zur Hälfte.
4. Nimm das Trinkröhrchen und sauge aus dem halb gefüllten Glas etwas Wasser
   an. Klemme das Röhrchen mit Daumen und Zeigefinger ab.
5. Halte dein Röhrchen über das volle Glas. Gib nach und nach vorsichtig ein paar
   Wassertropfen hinein.

Das Wasser wölbt sich nach oben. Es bildet sich ein richtiger kleiner Berg!
Wie kommt das?

Wasser hat oben eine Haut. Diese Haut hält das Wasser zusammen, auch wenn es
ein bisschen höher gestiegen ist als der Rand.

Können Büroklammern schwimmen?

Du hast gelernt, dass Wasser eine Haut hat.
Aber wie fest ist diese Wasserhaut? Was kann sie tragen?
Das kannst du mit einer Büroklammer testen:

Du brauchst: - ein Dutzend Büroklammern
     - ein Glas mit Wasser
     - ein Papiertaschentuch
     - eine Schere

Normalerweise gehen Gegenstände aus Metall im Wasser unter.
Auch Büroklammern sind aus Metall und können deshalb eigentlich nicht
schwimmen. Wenn du sie aber ganz vorsichtig flach aufs Wasser legst, kann die
Wasserhaut sie tragen!
Am einfachsten geht das, wenn du ein Papiertaschentuch zu Hilfe nimmst.

1. Schneide ein kleines Stück vom Papiertaschentuch ab.
2. Lege das Papier aufs Wasser und eine Klammer vorsichtig darauf. Was
   geschieht? Beobachte und lies dann weiter!

Das Papier saugt sich mit Wasser voll und sinkt. Die Büroklammer aber bleibt oben!
Sie wird von der Wasserhaut getragen.

Kannst du sehen, wie sich die Haut dabei durchbiegt?
Die Büroklammer ist so schwer, dass sie eine richtige kleine Delle in die Haut drückt!

Schätze: Wie viele Klammern kannst du in deinem Glas schwimmen lassen?

Schreibe deine Schätzung auf: _____ Büroklammern

Prüfe jetzt nach, ob du es schaffst!

Möchtest du noch ein bisschen weiter experimentieren? Lies genau und kreuze an, was stimmt. Wenn alles richtig ist, ergeben die Buchstaben bei deinen Antworten das Lösungswort.

1. Büroklammern schwimmen nur:
   F Wenn man sie vorsichtig flach aufs Wasser legt.
   Z Wenn man sie mit der Spitze eintaucht.

2. Die Büroklammer schwimmt. Beobachte die Wasseroberfläche genau:
   M Die Wasseroberfläche bleibt völlig eben.
   F Die Haut an der Wasseroberfläche ist elastisch und gibt etwas nach.

3. Lasse zwei Büroklammern nebeneinander schwimmen. Was passiert?
   I Sie bewegen sich aufeinander zu.
   R Sie schwimmen voneinander weg.

4. Warum geht das Papier eigentlich immer unter?
   G Es saugt sich voll mit Luft.
   H Es saugt sich voll mit Wasser.

5. Lege vorsichtig eine dünne Nähnadel ins Wasser.
   P Die Wasserhaut kann sie nicht tragen.
   C Die Wasserhaut hält, sie bleibt oben!

6. Was geschieht, wenn du ein paar Tropfen Spülmittel ins Wasser tust?
   S Die feine Wasserhaut wird zerstört.
   T Die Haut wird fester und kann schwerere Dinge tragen.

Lösungswort: _____ ⬅ *(Lies vorwärts oder rückwärts.)*

Büroklammern können nicht nur schwimmen.
Sie können sich auch ineinander verlieben!
Du glaubst es nicht? Aufgepasst:

Du brauchst: - 2 Büroklammern

  - einen Streifen Papier, etwa 10 cm breit

1. Nimm den Streifen Papier quer in deine Hände.
2. Biege den Streifen zweimal sanft um. Wenn man von oben darauf schaut,
   sollte es aussehen wie ein „S":

3. Verbinde das gebogene Papier wie auf der Zeichnung mit zwei Büroklammern.
   Die Spitzen der Büroklammern müssen nach unten zeigen.

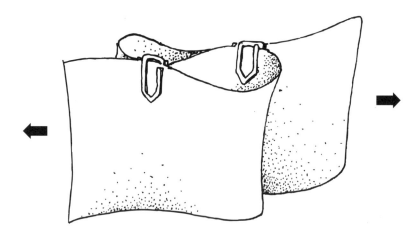

4. Zieh das Papier links und rechts langsam auseinander. Die Klammern rutschen
   aufeinander zu. Wenn sie nah beieinander sind, zieh ganz rasch mit einem
   Ruck!
   Was geschieht?

Die Büroklammern sind miteinander verbunden.

Der rasende Luftballon

Schnelle Flugzeuge haben einen Düsenantrieb. Die Düsen erzeugen einen starken Luftstrom, der das Flugzeug antreibt.

Mit ein paar Hilfsmitteln kannst auch du einen Düsenantrieb bauen!

Du brauchst: - einen festen Faden, der quer durchs Zimmer reicht
                 - ein Trinkröhrchen
                 - Klebestreifen
                 - einen Luftballon

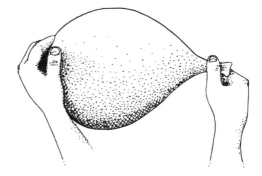

1. Ziehe den Faden durch das Röhrchen.

2. Spanne ihn danach quer durch das Zimmer und binde ihn an beiden Enden irgendwo fest.

3. Blase den Ballon auf.

4. Halte die Öffnung fest zu und befestige den Ballon mit Klebestreifen an dem Röhrchen. Am besten geht das zu zweit.

5. Schiebe das Röhrchen mit dem Ballon in die Richtung, in der sich die Öffnung des Ballons befindet.

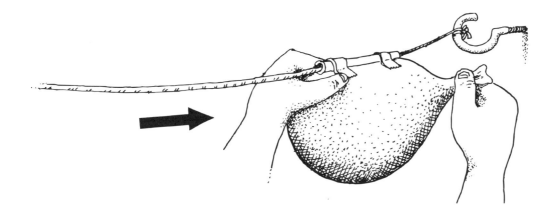

6. Wenn du das Ende der Schnur erreicht hast, kannst du den Ballon loslassen! Er wird mit unglaublicher Geschwindigkeit losrasen!

Luftballons verzaubern

Du brauchst: - mindestens zwei Luftballons
                - Klebestreifen
                - eine Stecknadel
                - einen wasserfesten Filzstift

Bevor du den Zaubertrick vorführst, musst du zwei
Luftballons für die Vorstellung vorbereiten:

1. Blase sie auf, knote sie zu und male auf beide ein Clowngesicht.

2. Bei einem Ballon klebst du einen Klebestreifen auf die Nase.

Nun bist du bereit und kannst mit den Ballons vor dein Publikum treten.

Du hältst die Nadel hoch und fragst deine Zuschauer: „Was passiert, wenn ich mit dieser Nadel in einen Ballon pieke?" Natürlich werden dir alle zurufen, dass der Luftballon platzt.

Du sagst: „Das wollen wir doch mal ausprobieren!" Mit der Nadel stichst du in den Ballon ohne Klebestreifen und tatsächlich, er platzt!

Dann sagst du: „Den zweiten Ballon werde ich nun verzaubern! Hokuspokus!" Danach piekst du mit der Nadel in die Nase des Clowngesichts. Aber dort befindet sich der unsichtbare Klebestreifen. Und siehe da: Dieser Luftballon platzt nicht!

Jetzt erklärst du: „Dies ist ein gewöhnlicher Ballon. Er wurde nur durch meinen Zauber geschützt. Damit ihr mir glaubt, werde ich jetzt den Zauber wieder zurücknehmen! Pokushokus!" Du stichst mit der Nadel neben den Klebestreifen und peng, der Ballon platzt!

Du brauchst: - einen Luftballon
- Konfetti oder Papierschnipsel
- ein Lineal aus Plastik

1. Streue etwas Konfetti auf den Tisch oder einige Papierschnipsel, die du vorher ausgeschnitten hast.

2. Blase einen Luftballon auf. Knote den Ballon sorgfältig zu.

3. Reibe den Luftballon an deinem Hemd oder deinem Pulli.

4. Halte ihn am Knoten fest und nähere ihn vorsichtig den Konfetti-Stückchen. Die Konfetti-Stückchen werden wie von einem Magneten angezogen!

Wenn du den Ballon richtig schnell an deinem Pulli reibst, bleibt er auch an deiner ausgestreckten Hand kleben, ohne dass du ihn hältst!
Dein Publikum wird beeindruckt sein!

Warum verhält sich dein Ballon wie ein Magnet?
Durch das Reiben wurde der Ballon elektrisch geladen. So zieht er Gegenstände an, die nicht aufgeladen sind. Ungleiche Ladungen ziehen sich an!

Was geschieht, wenn zwei gleiche Ladungen aufeinander treffen, also zwei Dinge, die beide aufgeladen sind?
Klemme ein Plastiklineal unter deinen Arm und reib es kräftig. Reibe den Luftballon an deinem Pulli.
Nähere das Lineal dann vorsichtig dem Ballon! Was passiert?

Gleiche Ladungen stoßen sich ab.
Der Ballon weicht aus.

Drei Ballons fliegen um die Wette.
Einer kommt aus Frankreich, einer aus der Schweiz und einer aus Deutschland.
Schreibe die Länder unter die Ballons.
Male die Ballons in den richtigen Farben an!

1. Ein Ballon ist rot.
2. Der französische Ballon hat blaue und weiße Streifen.
3. Mitten auf dem roten Ballon ist ein Schweizerkreuz.
4. Der gelbe Ballon fliegt nicht in der Mitte.
5. Rechts vom Schweizer Ballon ist kein Ballon mehr.

Kannst du in eine Postkarte eine Öffnung schneiden, durch die du hindurchpasst?
Unmöglich? Hier erfährst du, wie es geht:

Du brauchst: - ein Blatt Papier
  - einen roten Stift
  - ein Lineal
  - eine Schere

1. Schneide ein Blatt Papier so zurecht, dass es etwa so
   breit und so lang ist wie eine Postkarte.

2. Falte die Postkarte so, dass die langen Seiten
   aufeinanderliegen.

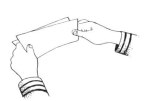

3. Lege die gefaltete Karte quer auf den Tisch. Zeichne 1 cm
   vom oberen und 1 cm vom unteren Rand mit Hilfe des
   Lineals einen langen roten Strich quer über die Karte.

4. Stelle deine Karte nun wie ein Dach vor dich hin.
   Der Knick soll oben sein. Schneide von oben her bis zum
   roten Strich unten – aber nicht weiter!
   Daneben machst du einen Schnitt von unten bis zum
   oberen roten Strich – aber nicht weiter!
   Daneben kommt wieder ein Schnitt von oben, danach von
   unten, und so geht es abwechslungsweise weiter.

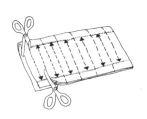

5. Schneide das Blatt oben am Knick auf. Achtung: Fange
   aber nicht am Rand an, sondern lasse den ersten und den
   letzten Streifen am Rand unbedingt stehen!

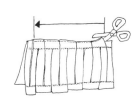

6. Ziehe die Karte vorsichtig auseinander, bis die Öffnung
   groß genug für dich ist. Nun kannst du die Karte von
   oben her über deinen Körper streifen und vorsichtig
   hindurchsteigen.

Schneide die Streifen den gestrichelten Linien entlang aus. Beginne beim Start zu lesen und suche das passende Bild zum Text. Lege die restlichen Dominostreifen in der richtigen Reihenfolge an!

	Schneide immer abwechselnd von der geknickten Seite und von der offenen Seite her ein. Achtung: Nur bis zum roten Strich am Rand schneiden! Fang an der geknickten Seite an.
	Zieh die Karte vorsichtig auseinander, bis die Öffnung groß genug für dich ist. Nun kannst du die Karte von oben her über deinen Körper streifen.
	Zeichne einen Zentimeter vom Rand entfernt an den Längsseiten einen roten Strich ein.
	Ende
	Schneide dann das Blatt an der geknickten Seite auf. Vorsicht: Die beiden Randstreifen darfst du nicht aufschneiden!
Start	Falte die Postkarte zuerst. Die langen Seiten müssen aufeinanderliegen.

In dieser Anleitung sind die Buchstaben in einigen Wörtern durcheinandergeraten. Findest du die richtigen Wörter trotzdem heraus? Schreibe sie zu der passenden Zahl im Kreuzworträtsel, dann erhältst du das Lösungswort.

1. Falte die Postkarte so, dass die langen Seiten genau aunafeinder (3) liegen!

2. Zeichne einen Zinetemter (1) vom Rnad (6) entfernt an den Längsseiten einen roten Stirch (10) ein.

3. Schneide die geteflate (5) Karte immer abwechselnd von der geknickten und von der offenen Steie (9) her ein. Fange an der geknickten Seite an.
   Achtung: Schneide immer nur bis zum roten Strich am Rand!

4. Schneide das Battl (4) nun an der Längsseite auf, wo es gefaltet ist.
   Vorsicht: Die beiden Randstreifen tichn (7) aufschneiden!

5. Ziehe die Karte visrichtog (8) auseinander, bis der Pieparfreisten (2) breit genug ist für dich. Nun kannst du ihn von oben her über deinen Keprör (11) streifen.

Lösungswort: _____

© SCHUBI

Lösung

Lösungswort: Zaubertrick

Wenn du die Postkarten aufmerksam liest, findest du heraus, wer sie geschrieben hat. Schreibe die Anfangsbuchstaben von den Namen der Kinder in die Kästchen. So erhältst du das Lösungswort.

Hier ist es nie langweilig, denn man kann viele tolle Sachen machen: Tauchen, Sandburgen bauen und Muscheln suchen. Vor drei Tagen war Sturm und es gab meterhohe Wellen.

Gestern haben wir eine lange Wanderung gemacht. Oben an der Hütte gab es ein paar schattige Stellen, wo noch Schnee lag. So konnten wir mitten im Sommer eine Schneeballschlacht machen!

Am tollsten finde ich hier die vielen Tiere: Pferde, Kühe, Hasen und zwei Ponys. Auf denen kann man auch reiten! Und wenn es mal regnet, können wir auf dem Heuboden spielen. Der ist riesig.

Wir machen fast jeden Tag einen Ausflug oder gehen ins Schwimmbad. Gestern waren wir im Zoo. Es war so lustig, den Affen zuzuschauen! Ich hätte nie gedacht, dass man auch hier so viel Neues entdecken kann!

 Johannes ist mit seinen Eltern ans Meer gefahren.

 Lukas verbringt seine Ferien auf dem Bauernhof.

 Iris bleibt diesmal mit ihren Eltern zu Hause.

 Uschi ist in den Ferien im Gebirge.

© SCHUBI

Lösungswort: _____

Gedankenlesezauberstab

Du brauchst: - ein Kartenspiel
               - einen Zauberstab

Erkläre deinen Zuschauern, dass dein Zauberstab Gedanken lesen kann.
Mit einem kleinen Trick kannst du es ihnen beweisen:

Ein Zuschauer darf acht Karten ziehen, ohne dass du sehen kannst, welche es sind.
Die restlichen Karten werden auf einem Stapel beiseite gelegt.

Dann soll dein Zuschauer eine von den acht Karten auswählen. Wenn er sich diese
Karte gut gemerkt hat, legt er sie wieder zu den anderen sieben zurück. Danach
mischt der Zuschauer die acht Karten und legt den Stapel umgedreht auf den Tisch.

Bevor dein Zauberstab die Karte finden kann, musst du die Karten dreimal sortieren.
Das geht so:

links, rechts,
links, rechts...

1. Lege die Karten abwechselnd links und
   rechts auf einen Stapel, immer eine links und
   eine rechts.

2. Dann darf der Zuschauer sagen, welchen Stapel er ansehen möchte.

3. Du zeigst ihm die Karten auf diesem Stapel, ohne sie selbst anzuschauen. Er soll
   sagen, ob seine Karte dabei ist.

4. Nun legst du beide Stapel wieder aufeinander. Der Stapel, in dem die Karte ist,
   muss oben liegen!

5. Das machst du dreimal.

6. Danach legst du alle Karten kreuz und quer auf den Tisch. Wichtig: Merke dir genau, wo du die dritte Karte hinlegst!

7. Fahre jetzt mit dem Zauberstab langsam über die Karten hinweg. Über der dritten Karte lässt du deinen Zauberstab leicht zittern. Bevor du diese Karte aufdeckst, soll dein Zuschauer sagen, welche Karte er sich gemerkt hat. Dann drehst du sie um: Es ist die gesuchte Karte!

Ein kleiner Tipp:
Wenn du den Trick mehrmals zeigst, musst du darauf achten, dass du die Karten nicht immer in der gleichen Art auslegst: Einmal fängst du links an, einmal rechts, dann in der Mitte. Merke dir nur, wo die dritte Karte liegt!

Und hier noch ein passender Zauberspruch:

„Hokuspokus, 1,2,3, Zauberkarte, komm herbei!"

Wusstest du, dass du fremde Gedanken erraten kannst? Ganz ohne Zauberstab und ohne zu schummeln?

Du musst nur einen Helfer finden, der Lust hat zu zeigen, wie gut er im Kopfrechnen ist. Mit seiner Hilfe kannst du beweisen, dass du Gedanken lesen kannst!

Trick 1:

1. Dein Helfer soll sich eine Zahl zwischen 1 und 9 denken.

2. Danach soll er diese Zahl verdoppeln.

3. Zum Ergebnis soll er nun noch 10 hinzuzählen.

4. Die Zahl, die dabei herauskommt, wird durch 2 geteilt.

5. Vom Ergebnis wird jetzt noch die ganz zu Beginn gedachte Zahl abgezogen.

Alle werden erstaunt sein, dass du das Ergebnis schon kennst: Es ist die Zahl 5!

Ein Beispiel:
Dein Mitspieler sucht sich die Zahl 3 aus.

Er rechnet also:
$3 \cdot 2 = 6$
$6 + 10 = 16$
$16 : 2 = 8$
$8 - 3 = 5$

Trick 2:

Du brauchst: - einen Bleistift
- ein Stück Papier

1. Dein Mitspieler soll eine Zahl zwischen 1 und 9 auf einen Zettel schreiben und ihn umdrehen.

2. Nachher soll er diese Zahl mit 6 multiplizieren.

3. Das Ergebnis teilt er durch 2.

4. Die Zahl, die dabei herauskommt, soll er noch mit 3 multiplizieren. Dann soll er dir das Ergebnis mitteilen.

5. Du teilst diese Zahl einfach durch 9. Und schon hast du die Zahl erraten, die er sich ausgedacht hat!

Ein Beispiel:
Dein Mitspieler sucht sich
die Zahl 7 aus.

Er rechnet also:
$7 \cdot 6 = 42$
$42 : 2 = 21$
$21 \cdot 3 = 63$

Du rechnest: $63 : 9 = 7$

Wusstest du, dass du mit nur drei unterschiedlichen Münzen beweisen kannst, dass du ein Hellseher bist?

Du brauchst: - einen Hut (eine Schachtel geht auch)
                 - drei unterschiedliche Münzen

Suche dir einen Mitspieler, der ein gutes Gedächtnis hat!
Und los gehts:

1. Lege die drei Münzen auf den Tisch.

2. Während du dich umdrehst, soll dein Mitspieler eine der Münzen auswählen. Die beiden anderen legt er in den Hut zurück.

3. Die ausgewählte Münze muss er in die rechte Hand nehmen und genau anschauen.

4. Nun soll er die rechte Hand zu einer Faust ballen und sie an seine Stirn legen. Während er langsam und laut bis 20 zählt, soll er sich genau vorstellen, wie die Münze aussieht.

5. Danach wirft er diese Münze schnell in den Hut. Er schüttelt ihn kurz und gibt ihn dir.

6. Nun greifst du in den Hut, ohne hineinzuschauen. Nachdem du nur kurze Zeit gesucht hast, ziehst du die gesuchte Münze heraus!

Wie hast du die richtige Münze herausgefunden?

Die Münze ist warm geworden,
da sie so lange in der Faust gehalten wurde!

Die magische Zwölf

Du brauchst: - 12 verschiedene Spielkarten

Wusstest du, dass Zwölf eine magische Zahl ist? Du nimmst zwölf Karten in deine Hand und formst damit einen schönen Fächer. Ein Zuschauer zieht eine Karte, ohne dass du siehst, welche er aus- wählt. Diese Karte soll er sich gut merken. Dann gibt er sie dir zurück, während du die Augen zumachst. Sag deinem Zuschauer, dass du seine Karte leicht herausfinden kannst. Du müsstest nur bis zwölf zählen. Die zwölfte Karte sei seine Karte.

Und so geht der Trick:

1. Wenn der Zuschauer eine Karte gezogen hat, teilst du deinen Fächer rasch auf: In die rechte Hand nimmst du drei Karten, in deiner linken Hand bleiben acht Karten.

2. Wenn er seine Karte zurücklegen will, streckst du ihm die rechte Hand entgegen und sagst: „Lege sie hier drauf!"

3. Wenn er das gemacht hat, legst du die acht Karten aus deiner linken Hand oben darauf.

4. Die erste Karte nimmst du oben weg und schiebst sie unter den Stapel. Die zweite legst du auf den Tisch und zählst dabei laut „eins". Die dritte Karte kommt wieder unter den Stapel. Die vierte legst du auf den Tisch und zählst laut „zwei" und so weiter. Du zählst also die auf den Tisch gelegten Karten, nicht aber diejenigen, die du unter den Stapel schiebst. Der Stapel in deiner Hand wird so immer kleiner, bis du nur noch eine Karte übrig hast.

5. Bevor du diese letzte Karte aufdeckst und dabei „zwölf" sagst, fragst du deinen Zuschauer, welche Karte er sich gemerkt hat.

6. Darauf drehst du sie um mit den Worten:
   „Zwölf mal Hexerei, Karte komm herbei!"

Das Flaschen-U-Boot

Du brauchst: - eine durchsichtige Plastikflasche
(1,5 Liter)
- ein kleines Glasröhrchen

1. Lass die Plastikflasche bis zum Rand mit Wasser
volllaufen.

2. Fülle danach nur ganz wenig Wasser in das Glasröhrchen.

3. Halte die Öffnung des Röhrchens mit einem Finger zu und drehe es um.

4. Tauche es mit der Öffnung nach unten in die volle Plastikflasche und
lass erst los, wenn die Öffnung unter Wasser ist.

5. Schraube nun den Deckel der Plastikflasche ganz fest zu.

6. Drücke mit beiden Händen fest auf die Wände der weichen Flasche.

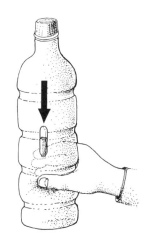

Durch das Drücken füllt sich das Röhrchen mit
Wasser. Dadurch wird es schwerer und
taucht ab.

Wenn du loslässt, sinkt der Wasserspiegel im
Röhrchen. Dein kleines U-Boot wird leichter
und es taucht rasch auf.

Versuche, dein U-Boot genau zu steuern!
Kannst du es in der Mitte der Flasche in der
Schwebe halten?

Ganz ähnlich funktioniert ein echtes U-Boot. Es hat riesige Tanks.
Lässt man sie mit Wasser volllaufen, dann taucht das U-Boot ab.
Beim Auftauchen werden diese Tanks einfach wieder leergepumpt.
Das U-Boot wird leichter und steigt nach oben.

Seit langem schon träumen die Menschen davon, die Tiefen des Meeres zu erforschen. Vor über 200 Jahren wagten es einige Erfinder, U-Boote zu bauen. Da man damals aber noch Holz verwendete, waren sie nicht besonders stabil und konnten nicht sehr tief tauchen.

Seit etwa 100 Jahren verwendet man Metall für den Rumpf der U-Boote.
Metall ist stabiler, es hält den enormen Druck unter Wasser besser aus.

Ein normales U-Boot hat eine längliche Form. Innen befindet sich eine wasserdichte Kammer, die mit Luft gefüllt ist. Dort können sich die Menschen aufhalten.

Diese Kammer ist von einer zweiten Hülle umgeben. Im Hohlraum zwischen den beiden Hüllen befinden sich die Tanks. Dort kann man Wasser hineinpumpen.
Dann wird das U-Boot schwerer und sinkt.
Um aufzutauchen, pumpt man das
Wasser heraus. Das U-Boot wird
leichter und steigt nach oben.

Moderne U-Boote können etwa
600 Meter tief tauchen. Es gibt aber
auch spezielle Tiefsee-U-Boote.
Mit dem berühmtesten, der „Trieste",
tauchten zwei Forscher 1960 elftausend Meter tief.

Kreuze an, was stimmt und was nicht:

ja	nein	
		Die ersten U-Boote wurden vor etwa 200 Jahren gebaut.
		Zuerst waren die U-Boote aus Holz, später aus Metall.
		Die U-Boote sind aus Metall, weil es schwerer ist und besser absinkt.
		Metall kann dem enormen Druck unter Wasser besser standhalten.
		Um zu tauchen, wird Wasser in die Tanks gepumpt.
		Nur spezielle U-Boote können in die Tiefsee abtauchen.
		Die tiefste Stelle des Meeres ist eintausend Meter tief.

Lies aufmerksam und zeichne die fehlenden Dinge ein!

Mit deinem U-Boot, der Nautilus, bist du weit hinaus in den Ozean gefahren.
Unterwegs hast du viele große Meeresbewohner getroffen: Haie, Wale, Delfine und
Sägefische. Einmal hast du sogar ein gesunkenes Schiff gesehen, ein Wrack.
Mit der Nautilus kannst du sehr tief tauchen. Sie hat doppelte Wände. Der
Innenraum ist mit Luft gefüllt, damit die Besatzung atmen kann. Male ihn gelb an.
Der Hohlraum zwischen Innenwand und Außenwand wurde mit Wasser vollge-
pumpt. Male ihn blau an. Das U-Boot wird dadurch so schwer, dass es bis zum
Meeresgrund tauchen kann.
Vorne am U-Boot befinden sich zwei Greifarme. Sie sind orange. Der Scheinwerfer
verbreitet strahlend gelbes Licht und ist auf eine Schatzkiste gerichtet. Sie liegt von
Muscheln umgeben auf dem sandigen Boden, direkt vor dem U-Boot!
Am Steuer der Nautilus sitzt Kapitän Nemo und lenkt die Greifarme.
Von vorne nähern sich neugierig drei kleine, gestreifte Fische.
Ganz rechts im Bild, hinter dem U-Boot, ist ein Felsen zu sehen. An diesem wachsen
wunderschöne, rote Korallen. Ein Tintenfisch hat sich dort versteckt.
Über dem U-Boot schwimmt eine violette Qualle.

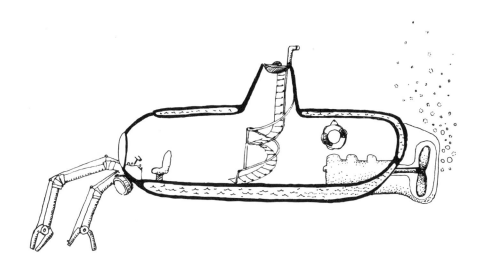

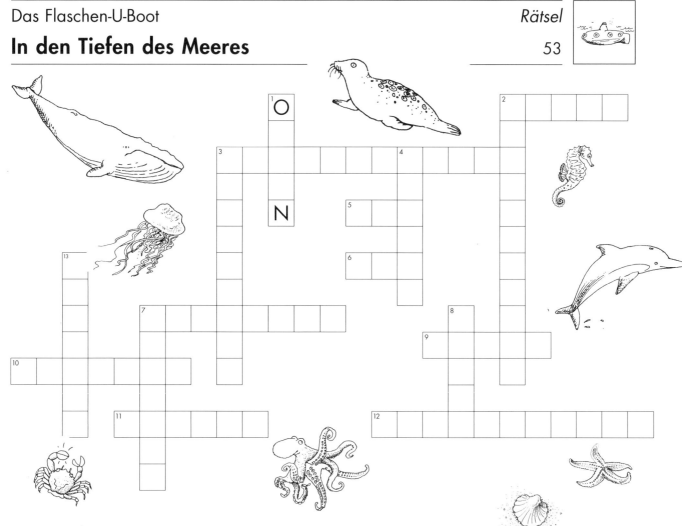

Waagrecht:

2. Was muss beim U-Boot mit Wasser gefüllt werden, damit es abtauchen kann?

3. Ein seltsamer kleiner Fisch, der ein bisschen aussieht wie ein Pferd.

5. Er ist das größte Säugetier der Erde und lebt im Meer.

6. Der gefährlichste Raubfisch der Meere

7. Ein Tier, das fünf Zacken hat und auf dem Meeresgrund lebt.

9. So nennt man ein gesunkenes Schiff am Meeresgrund.

10. Sie hat eine Schale, und manchmal ist darin eine Perle.

11. Dieses Meereslebewesen sieht aus wie ein Fallschirm.

12. Wie muss ein U-Boot sein, damit absolut kein Wasser hineinkommt?

Senkrecht:

1. Wie nennt man ein großes Meer?

2. Ein Tier mit acht Fangarmen, das im Meer lebt

3. Ein Fisch, der eine lange, zackige Schnauze hat.

4. Er sieht aus wie ein Fisch, aber er ist ein Säugetier und sehr intelligent.

8. Ein Tier mit acht Beinen und zwei Zangen

7. Ein lustiges Säugetier, das sehr gut schwimmen, aber auch an Land kriechen kann.

13. Name eines berühmten Tiefsee-U-Bootes

Waagrecht:

2. TANKS 3. SEEPFERDCHEN 5. WAL 6. HAI 7. SEESTERN 9. WRACK
10. MUSCHEL 11. QUALLE 12. WASSERDICHT

Senkrecht:

1. OZEAN 2. TINTENFISCH 3. SÄGEFISCH 4. DELFIN 7. SEEHUND 8. KREBS
13. TRIESTE

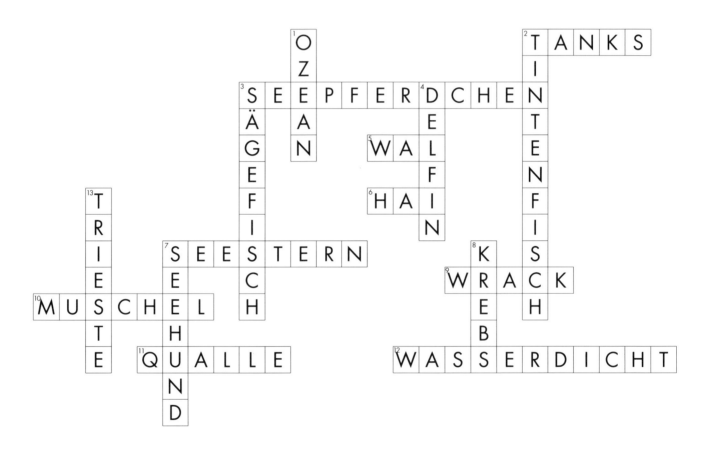

Seite 2

Die Münze im Teich

Anleitung zum Münzentrick (Wörter ordnen)

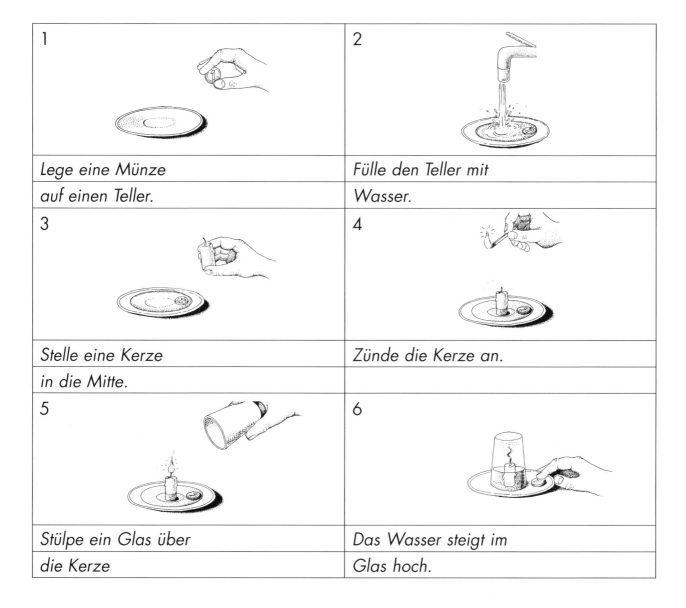

1 *Lege eine Münze auf einen Teller.*	2 *Fülle den Teller mit Wasser.*
3 *Stelle eine Kerze in die Mitte.*	4 *Zünde die Kerze an.*
5 *Stülpe ein Glas über die Kerze*	6 *Das Wasser steigt im Glas hoch.*

Seite 3

Die Münze im Teich

Kennst du die richtigen Antworten? (Quiz)

Lösungswort: GENIAL

Seite 4

Die Münze im Teich

Drei geheimnisvolle Münzen (Logical)

Irland   Schweden   Mexiko   Lösungswort: Schirme

Seite 7

Der wippende Schmetterling

Anleitung für den wippenden Schmetterling (Bilder ordnen)

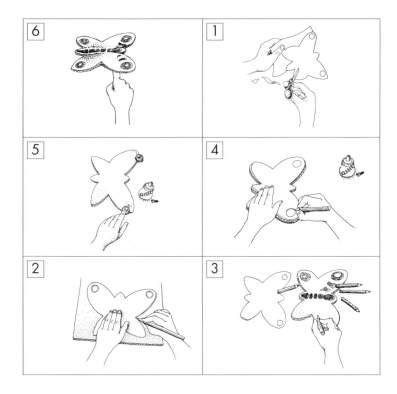

Seite 8

Der wippende Schmetterling

Kennst du diese Insekten? (Quiz)

1. Ameisen, 2. Bienen, 3. Schmetterlinge, 4. Marienkäfer, 5. Heuschrecken
Lösungswort: PRIMA

Seite 15
Die Brücke aus Papier (Experiment)

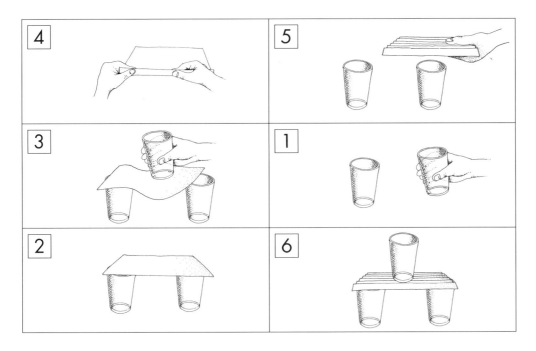

Seite 16
Die Brücke aus Papier
Welche Brücke ist gemeint? (Quiz)

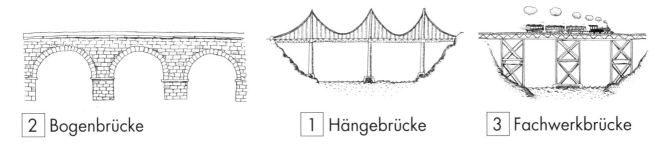

2 Bogenbrücke   1 Hängebrücke   3 Fachwerkbrücke

Seite 17
Die Brücke aus Papier
Das Brückenrätsel (Quiz)

Mehrere Wege sind möglich,
aber man landet immer auf
der Tulpeninsel.

Lösungsbeispiel:

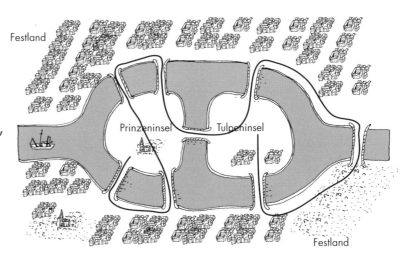

Seite 18
Die Brücke aus Papier
Begegnung auf der Brücke (Denksport)

Schnellste Lösung: Auto B fährt zuerst auf die Ausweichstelle, A fährt rückwärts und C, D, E vorwärts an B vorbei. B kann dann schon mal weiterfahren. Nun fahren C, D, E rückwärts und lassen A auf die Ausweichstelle. Jetzt ist die Bahn frei für C, D und E und am Schluss auch für A. Es gibt auch andere Lösungsmöglichkeiten, die allerdings länger dauern.

Seite 22
Das magische Band
Welcher Zauberspruch passt? (Rätsel)

2 Zauberscheren schneiden scharf,
scharf schneiden Zauberscheren,
fünf, sechs, sieben, acht,
das Band wird lang gemacht!

3 Schere, Schere, du musst wandern,
von dem einen Strich zum andern,
zweimal schneid' ich rundherum,
immer gerade und nicht krumm!
Ein kurzes und ein langes Band,
will ich hier in meiner Hand!

1 Schnipp, schnapp, schnipp, schnapp,
eins, zwei, drei,
aus einem Band, da werden zwei!

Seite 23
Maikäfer und Marienkäfer
Lösungswort für den Marienkäfer: BLATTLÄUSE
Lösungswort für den Maikäfer: ENGERLINGE

Seite 27
Fünf Buntstifte
Wem gehören die Stifte? (Logical)

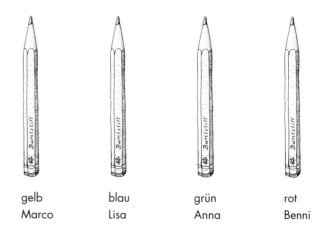

gelb   blau   grün   rot
Marco   Lisa   Anna   Benni

Seite 28

Fünf Buntstifte

Farben für den Papagei (Malaufgabe)

1 goldgelb	B	5 mausgrau	S
2 himmelblau	U	6 pechschwarz	T
3 feuerrot	N	7 schokoladenbraun	I
4 grasgrün	T	8 schneeweiß	F
		9 schweinchenrosa	T

Lösungswort: BUNTSTIFT

Seite 31

Die schwimmende Büroklammer

Quiz für begeisterte Forscher (Quiz)   Lösungswort: SCHIFF

Seite 36

Ballon-Tricks

Drei Fesselballons am Himmel (Logical)

 Deutschland gelb

 Frankreich blau-weiß

 Schweiz rot mit weißem Kreuz

---

Seite 38

Durch eine Postkarte steigen

Domino zum Postkartentrick (Lesedomino)

Start	Falte die Postkarte zuerst. Die langen Seiten müssen aufeinanderliegen.		Zeichne einen Zentimeter vom Rand entfernt an den Längsseiten einen roten Strich ein.
	Schneide immer abwechseln von der geknickten Seite und von der offenen Seite her ein. Achtung: Nur bis zum roten Strich am Rand schneiden! Fang an der geknickten Seite an.		Schneide dann das Blatt an der geknickten Seite auf. Vorsicht: Die beiden Randstreifen darfst du nicht aufschneiden!
	Zieh die Karte vorsichtig auseinander, bis die Öffnung groß genug für dich ist. Nun kannst du die Karte von oben her über deinen Körper streifen.		**Ende**

Seite 41

Durch eine Postkarte steigen

Wer hat welche Postkarte verschickt? (Rätsel)

Lösungswort: JULI

Seite 50

Das Flaschen-U-Boot

U-Boote – Technik und Rekorde (Wissenstext)

ja	nein	
X		Die ersten U-Boote wurden vor etwa 200 Jahren gebaut.
X		Zuerst waren die U-Boote aus Holz, später aus Metall.
	X	Die U-Boote sind aus Metall, weil es schwerer ist und besser absinkt.
X		Metall kann dem enormen Druck unter Wasser besser standhalten.
X		Um zu tauchen, wird Wasser in die Tanks gepumpt.
X		Nur spezielle U-Boote können in die Tiefsee abtauchen.
	X	Die tiefste Stelle des Meeres ist eintausend Meter tief.

Seite 51

Das Flaschen-U-Boot

Der Schatz auf dem Meeresgrund (Malaufgabe)

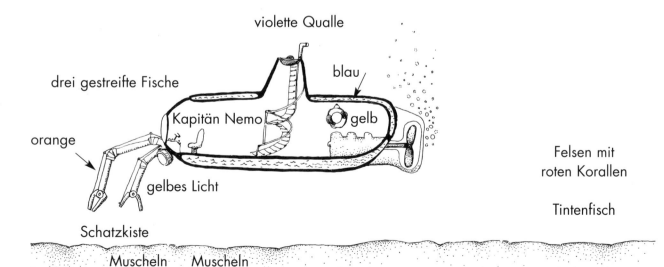